AF369928

# DISCOURS

PRONONCÉS

**AUX OBSÈQUES**

DE

# M. LÉON JACQUET

**28 Février 1888**

————⋖●⋗————

COMPIÈGNE

IMPRIMERIE A. MENNECIER & C<sup>IE</sup>

17, Rue des Petites-Écuries, 17

—

1888

OBSÈQUES

DE

# M. LÉON JACQUET

# DISCOURS

PRONONCÉS

## AUX OBSÈQUES

DE

# M. LÉON JACQUET

**28 Février 1888**

COMPIÈGNE

IMPRIMERIE A. MENNECIER & C<sup>ie</sup>

17, Rue des Petites-Ecuries, 17

1888

# OBSÈQUES

## DE

# M. LÉON JACQUET

On lit dans *le Libéral de l'Oise* [1] :

C'est hier mardi, 28 février 1888, qu'ont eu lieu les obsèques civiles de notre ami M. Léon Jacquet, négociant à Compiègne, ancien secrétaire du Comité républicain, décédé le 25 février, dans sa 48ᵉ année.

Nous sommes impuissants à retracer l'immense douleur qui se lisait sur les visages de la nombreuse assistance, accourue de tous les points du département et de Paris pour lui rendre les derniers devoirs.

On peut évaluer à mille, le nombre des personnes qui se pressaient après le corbillard.

[1] D'autres journaux républicains du département, *le Progrès de l'Oise, la République de l'Oise, le Patriote de l'Oise*, ont payé leur tribut à la mémoire de notre ami. *La République de l'Oise*, par la plume de M. Gaston Lemyre, l'a fait de la manière suivante :

« C'est une grande perte pour tout le parti républicain du département de l'Oise que celle de cet homme de bien, jeune encore, et qui par son activité, par sa foi ardente en l'avenir de la République, par sa parole volontiers écoutée, a rendu et pouvait rendre encore les plus grands services. Nous ne saurions oublier qu'il fut l'organisateur du Comité de Défense républicaine de l'arrondissement de Compiègne.

» Avec ses nombreux amis, nous nous inclinons respectueusement devant le cercueil de cet excellent citoyen, et nous adressons, au nom de la Direction et de la Rédaction de *la République de l'Oise*, à sa veuve et à ses enfants, nos bien sincères condoléances et l'expression de nos plus vives sympathies. »

Le deuil était conduit par ses deux fils, Eugène et André Jacquet, et son beau-frère, M. Fernand Lécala. Les cordons du poêle étaient tenus par MM. Edmond Robert, préfet de la Vendée, ancien député ; Parigot, ancien membre du Comité républicain ; Aconin, conseiller municipal, président de la Société des *Prévoyants de l'Avenir* ; Barbillion, conseiller municipal ; Auguste Ancel, membre de la Chambre syndicale ; et Droin, juge au Tribunal de Commerce de la Seine.

Le cercueil et le corbillard étaient couverts de bouquets et de couronnes.

Le char était précédé par la bannière de la Société *La Fraternelle*, dont M. Jacquet était membre honoraire.

De nombreuses et immenses couronnes étaient portées par des ouvriers.

Parmi les personnes présentes, nous avons pu remarquer les employés de la maison du défunt, ceux de Saint-Denis, un grand nombre de négociants et quelques fonctionnaires.

Citons au hasard les personnes de notre connaissance et celles qu'on nous a désignées : MM. Chovet, sénateur, maire de Compiègne et conseiller général ; Gérard, maire de Beauvais, conseiller général ; Berdin, conseiller général, maire de Pont-Sainte-Maxence ; de Montravel, sous-préfet de Compiègne ; Velut, de Senlis, négociant ; Eugène Laffineur, maire de Rochy-Condé, propriétaire de *la République de l'Oise* ; Garbet, conseiller d'arrondissement ; David, maire de Lacroix-Saint-Ouen ; Dubois, receveur des finances ; Léon Dusuzeau, ingénieur des ponts et chaussées ; Dusuzeau père, principal honoraire du collège de Compiègne ; Gilles, percepteur à Clermont ; Leroy, ancien maire de Montmacq ; Préclin, maire de Margny-lès-Compiègne ; Gallois, conseiller municipal de Francières ; docteur Roussel, conseiller municipal d'Estrées-Saint-Denis ; Poivre, conservateur des forêts ; Vergès et Tugaut, du *Libéral de l'Oise* ; Vantigny et

Payart-Duriez, conseillers municipaux de Noyon ; Leturc, contrôleur des contributions indirectes ; Jules Troubat, bibliothécaire à la Bibliothèque nationale ; Lefebvre Saint-Ogan, conseiller municipal de Compiègne, rédacteur du *Progrès de l'Oise ;* Armand Rendu, conseiller d'arrondissement ; Quévin, président du Tribunal de Commerce, adjoint au maire de Compiègne ; Rabot, conseiller municipal de Compiègne ; Benaut, archiviste de la Société d'agriculture ; Chouquet, conseiller municipal de Compiègne ; Lescot, conseiller municipal de Margny ; Priou, pharmacien ; Leveaux, homme de lettres. ancien maire de Compiègne, conseiller municipal ; Tourgis, directeur du *Patriote de l'Oise ;* Guillouzic, vice-président des *Enfants de Compiègne ;* Edmond Mosnier, président de la *Libre Pensée* ; Daras, président de l'Harmonie *la Jeanne d'Arc,* conseiller municipal ; Bourgois, percepteur ; Seray, sous-directeur des contributions indirectes ; Lefèvre, membre du bureau de bienfaisance ; Mesnil, conseiller municipal ; Cheneval, conseiller d'arrondissement ; Lanvin. Lambin, Quenolle, Delondre, Bérenger, conseillers municipaux ; Bourdon fils. fabricant de sucre ; Ancel, officier des pompiers de la commune de Lacroix ; Pluchart ; Leverve. conducteur des ponts et chaussées ; Noailles, négociant à Noyon ; Coquatrix, de Saint-Leu ; le docteur Lemaire ; le docteur Leclercq, de Margny ; le docteur Clochepin, de Tracy ; Grangé, négociant à Saint-Denis ; Maillet, négociant à Creil, etc., etc.

M. Soinoury, ancien sous-préfet de Compiègne, préfet de la Meuse, à qui la nouvelle de la mort de son ami Jacquet était parvenue trop tard, s'était fait excuser de ne pouvoir assister aux obsèques, ainsi que MM. Paul Joly, secrétaire général de l'Oise, forcé de garder la chambre ; Gatinot, inspecteur de l'enseignement primaire, absent ; Boudeville, ancien député ; Delaunay, conseiller général ; Baudry, professeur à la Faculté de Médecine de Lille ; Stéphen Sallembien, agriculteur ; etc.

M. Edmond Robert a parlé le premier, et a prononcé quelques paroles improvisées.

Il a dit qu'il était profondément touché de l'honneur
qui venait de lui être fait en l'appelant à parler sur la
tombe de M. Jacquet, et qu'il ne pouvait l'attribuer
qu'à l'affection dont avait toujours bien voulu l'honorer, celui auquel on rendait aujourd'hui les derniers
devoirs. On a, dit-il, loué un grand poète en disant
de lui que c'était un homme ; n'est-ce pas aussi l'éloge
que l'on peut faire de M. Jacquet qui méritait ce titre
par sa grande intelligence, comme par son grand
cœur ? Le trait caractéristique de M. Léon Jacquet,
c'était le courage. Il fut intrépide dans les luttes civiques, toujours au premier rang, et d'autant plus atta-
qué par les ennemis de la bonne cause et du bon
droit. Il fut courageux dans sa vie : il le fut devant
une agonie de cinq mois en présence de la mort, et le
caractère même de la cérémonie d'aujourd'hui prouve
qu'il sut être courageux, même après la mort. Ces
qualités de virile vaillance et d'intrépidité que rien
n'a fait défaillir, il sut les communiquer autour de
lui, et c'est pour cela que la noble compagne de sa vie
et les enfants qui perdent un pareil père ont su, durant
ces cinq mois terribles, l'encourager et le soutenir en
lui montrant une confiance que depuis longtemps ils
n'éprouvaient plus.

M. Edmond Robert a rappelé les grands services
rendus par M. Jacquet à la cause de l'agriculture, si
importante dans le département de l'Oise, sa bonté et
sa générosité envers les humbles, et le rôle considé-
rable qu'il a rempli dans le parti républicain, dont il
était tout ensemble le chef et le porte-drapeau. Ce fut
lui qui, aux heures les plus difficiles, mena la cam-
pagne en faveur de Gellion-Danglar, un autre vaillant, tombé lui aussi avant l'heure, victime de son
dévouement. C'est à Jacquet que fut due quelques années plus tard la victoire remportée dans l'arrondissement de Compiègne et c'est lui qui a préparé, en

travaillant à l'union des républicains, leur triomphe définitif, dont les premiers symptômes sont déjà visibles.

Les nouvelles générations qui recueilleront les fruits de la lutte, poursuivie par celles d'aujourd'hui, se souviendront toujours d'un pareil champion de la cause du progrès et de la République démocratique. Son nom ne périra pas et son exemple sera conservé. Ce n'est donc pas un adieu qu'il faut adresser à celui dont la mémoire sera durable dans l'Oise, et continuera l'œuvre à laquelle, vivant, il avait travaillé sans relache pour le plus grand bien du Peuple, de la République et de la Patrie.

Ensuite M. Armand Rendu a dit le discours suivant, et a encore augmenté l'émotion qu'avait provoquée M. Robert :

Il fut un citoyen celui dont nous entourons la tombe.

Les plus vifs battements de son cœur, dont l'excès lui coûta la vie, eurent pour objets la Patrie et la République.

La défense nationale était sa passion, et il vouait un culte aux hommes de guerre en qui le peuple a concentré ses espérances.

Le soutien du parti républicain absorbait une partie de son activité qu'il regrettait de ne pouvoir lui consacrer toute entière.

Son action dans la ville, dans l'arrondissement de Compiègne et dans le département de l'Oise fut énorme.

Durant les grandes luttes politiques, il organisa, instruisit, entraîna ses concitoyens.

Au 21 août 1881, c'est à lui qu'appartint l'honneur d'avoir appelé sur le terrain électoral et envoyé à la Chambre le premier député républicain de l'arrondissement de Compiègne.

Depuis, au milieu des revers, son dévouement grandit encore avec le danger, et c'est à son appel que s'est réuni ce Comité où les citoyens de la vallée de l'Oise ont concentré tous leurs moyens et toutes leurs énergies pour la défense de la République.

C'est dans ce rôle d'organisateur qu'il s'est révélé sans

pareil, et qu'il nous a montré ce dont est capable pour l'augmentation du parti l'action journalière et infatigable, sagace et adroite, pénétrante et entraînante, l'action toute puissante de la propagande démocratique.

Léon Jacquet qui fit tant pour autrui ne réclamait rien pour lui-même. C'était un indépendant. — Il n'a jamais obéi qu'aux ordres de sa conscience, agissant et travaillant pour sa famille et son pays sans passer sous la porte basse de la peur et de la prière, sans demander la faveur humaine ou divine, sachant vivre sans rien en attendre et mourir sans rien craindre.

De ces mérites éminents et de ces services considérables, nous venons déposer sur la tombe du citoyen qui n'est plus, le témoignage douloureux que nous offrons à sa famille comme une consolation, et à ses fils comme un engagement à marcher dans la carrière civique où leur père les a si dignement précédés, et où les espèrent les mains tendues des républicains du département tout entier.

M. Berdin, maire de Pont, s'est exprimé alors en ces termes, pleins d'une sensibilité communicative, au nom de la Chambre syndicale de l'Oise :

Mesdames,

Messieurs,

Après les paroles si touchantes, après les discours si éloquents que vous venez d'entendre, permettez-moi de venir, au nom de la Chambre syndicale du département, saluer en quelques mots la dépouille mortelle de ce pauvre Jacquet, un ami de quinze ans, qui a toujours marché avec ses collègues du Syndicat, pour réclamer la reforme de l'impôt des boissons, de cette loi barbare et tracassière de 1816, et dont la Chambre des députés s'occupe actuellement.

Je tiens à le dire ici, sur cette tombe si prématurément ouverte, devant les autorités départementales et communales, devant cette affluence d'amis et de républicains sincères, Jacquet jusqu'à sa mort fut, comme citoyen et comme membre de la grande famille syndicale, un homme d'action, de convictions profondes et inébranlables ; un de ces hommes qui n'ont jamais eu pour devise que cette belle maxime : Liberté, Egalité, Fraternité ; maxime dans laquelle son cœur de républicain ardent a puisé constamment toute sa force et toute son énergie.

Dès le moment qu'il s'agissait de défendre le drapeau républicain, Jacquet savait tout sacrifier, son temps, son intelligence, sa *bourse*. . et même sa santé pour soutenir la grande et noble cause démocratique ; et c'est le lot des grandes âmes de savoir le comprendre.

L'ami que nous pleurons tous, a toujours été animé par ces nobles sentiments de la plus pure fraternité républicaine ; et tous les personnages politiques accourus en si grand nombre pour jeter la dernière pelletée de terre sur le cercueil de notre ami, sont là pour témoigner de la sincérité de mes paroles.

Jacquet, comme vient de le dire une voix si aimée et si autorisée, était aussi un bon mari... aussi un bon père de famille ; il adorait sa femme et ses enfants..., sa femme et ses enfants l'adoraient... Pauvre Jacquet..., vous êtes parti trop jeune encore... Mais, pardon, je m'arrête ; il serait cruel de prolonger l'immense douleur d'une famille éplorée... Recevez ici, cher et brave ami, au nom de tous vos collègues de la Chambre syndicale de l'Oise, dont je suis un faible interprète, le tribut de leur profonde sympathie, de leurs larmes, et leurs derniers adieux.

Adieu, cher Jacquet ! Adieu !

M. Eugène Laffineur a beaucoup ému, à son tour, les assistants par ce discours improvisé :

MES CHERS CONCITOYENS,

Au nom de nos amis de Compiègne et de Beauvais, au nom du département entier, je viens, sollicité par la douleur publique, dire le dernier et suprème adieu à celui que nous pleurons tous.

Ce que fut l'homme, sa droiture, sa générosité expansive, sa raison voulue, son activité infatigable, son opiniâtreté à se dépenser partout et pour tous, vous, au milieu desquels il a vécu, vous le savez mieux que nous.

C'est par d'autres côtés de son caractère et de son cœur, que Jacquet nous appartient : c'était une nature d'élite, qui, sous une modestie native, cachait les meilleures qualités de son être.

Jacquet, homme de principe et de devoir, était un véritable homme de parti ; toujours audacieux pour les autres, il ne fut jamais et ne voulut jamais être audacieux pour lui-même ; il était dévoué à sa cause, à ceux qui la servaient, comme par une espèce d'entraînement naturel ; et il semblait heureux d'affronter la lutte sans souci de sa personne, et de s'exposer aux attaques, quand il eût pu s'y soustraire ; il combattait pour sa cause ; c'était pour lui la suprême satisfaction, que peu malheureusement comprennent.

Ce n'est pas dans un succès éphémère qu'il recherchait sa récompense : c'est dans cette philosophie intime, dont il semblait avoir fait la règle de sa vie.

Il était de ceux qui croient obstinément que quand on a passé, à travers le monde, en cherchant à propager le bien, à être utile à tous, à élargir le cercle de famille, à répandre la lumière, à préparer le règne de la vérité, il y a comme une espèce de survivance de soi-même.

Jacquet ne se trompait pas : tous ces citoyens venus des différents points du département, toutes ces personnes émues, tous ces visages éplorés, toute cette assistance en deuil et en larmes parlent plus haut que nos paroles : et nous nous sentons l'écho bien affaibli de la douleur publique en rendant à Jacquet ce dernier hommage.

La terre peut se refermer sur lui : mais sa vie restera un exemple pour ses concitoyens, son souvenir survivra : n'est-ce pas la meilleure consolation que nous puissions, en quittant cette tombe, adresser à sa veuve éplorée, à ses enfants en larmes ?

Au nom de tous nos amis, Jacquet, adieu !

M. Charles Gallois, de Francières, prenant à ce moment la parole, a rendu ce dernier hommage à son ami :

C'est au nom de l'amitié, au nom de tous ceux qui aimaient et qui estimaient notre cher Léon Jacquet, que j'ai le douloureux devoir de lui dire un dernier adieu.

Bien que l'éloge de celui dont nous pleurons tous ici la perte ait été fait par des voix si éloquentes qu'il semble superflu d'y ajouter quelque chose, je ne puis cependant me résigner à le quitter pour toujours sans lui exprimer aussi combien sa mort prématurée laisse de profonds regrets chez nous tous.

Je me plais à proclamer que Jacquet avait à un très-haut degré, ces grandes qualités de cœur et de caractère qui forcent l'estime et l'affection : la droiture, la loyauté, la franchise, la bonté. Son amitié active était sûre et dévouée. C'était, en un mot, un noble cœur.

C'est aussi, comme ancien président du Comité républicain de Compiègne, dont il était alors l'âme et le vaillant secrétaire, que je dois encore lui adresser un hommage suprême. Vous le savez tous, Messieurs, il aimait la République, comme il aimait notre belle France, avec passion ; il était profondément convaincu que les institutions démocratiques acceptées et pratiquées loyalement par tous étaient seules capables de rendre la grandeur, la prospérité et le bonheur à notre cher pays ; aussi cherchait-il avec ardeur à faire pénétrer ces sentiments chez ses concitoyens.

C'est avec raison qu'on vient de dire que nous avons perdu en lui notre chef, notre porte-drapeau, celui qui avait su grouper en un seul faisceau les forces éparses, souvent même antagonistes du parti républicain à Compiègne. Il était parvenu à modérer bien des impatiences en même temps qu'il amenait bien des timidités à se ranger sous les plis du drapeau qu'il portait d'une main si ferme.

Vous avez pu, cher ami, avant de mourir, sinon achever, du moins préparer, avancer l'œuvre de concentration républicaine à Compiègne. Nous vous en conserverons tous une sincère reconnaissance.

Si Jacquet était aimé et estimé de tous ses concitoyens, de tous ceux qui l'approchaient et par suite pouvaient l'apprécier, il était aussi adoré dans son intérieur, car il était bon époux et le meilleur des pères. Aussi fut-il vaillamment secondé dans ses entreprises par sa courageuse compagne qui n'a cessé de lui prodiguer jusqu'au dernier moment les trésors d'une affection et d'un dévouement sans bornes.

Il m'a été donné de voir cette excellente famille si unie, si gaie encore il y a peu de temps et aujourd'hui hélas ! si cruellement éprouvée, si malheureuse !

Puissent les regrets unanimes que sa mort laisse à tous, adoucir un peu les douleurs de sa malheureuse veuve et de ses enfants.

Recevez, cher Jacquet, recevez, cher collègue, le triste et dernier adieu de vos amis.

# DISCOURS

PRONONCÉ PAR M. JULES TROUBAT

à la Loge Le Mont Ganelon de Compiègne,

dans la tenue du 3 Mars 1888.

———————

Tr∴ ch∴ Vén∴ et vous tous, mes Fr∴,

Permettez-moi de revenir encore sur un sujet poignant.

La République a fait, le 25 février de cette année, une perte sensible à Compiègne dans la personne de notre ami Jacquet. Bien qu'il n'appartînt pas à la franc-maçonnerie, nous ne pouvons laisser passer une telle mort sans la marquer d'une page douloureuse dans nos annales. Les services rendus par Jacquet à la démocratie, à la liberté, au progrès, à l'émancipation des petits et des humbles, à tout ce pour quoi nous combattons, en faisaient un de nos frères, peut-être à son corps défendant. Il n'y a pas jusqu'à l'expression de ses dernières volontés, respectées *religieusement* par sa vaillante veuve et ses enfants, qui n'ait servi notre cause, puisque notre atelier est à la Libre Pensée compiégnoise ce que la cathédrale, au moyen âge, était à la commune. L'une servait de *forum* à l'autre. Nous devons donc honorer et respecter la mémoire de celui auquel mille personnes, accourues de toute part, sont venues porter le tribut de leurs regrets et de leur sympathie en accompagnant sa dépouille mortelle, dans un silence recueilli et une pieté vraiment religieuse, que ne connaissent pas toujours les cérémonies des cultes salariés par l'Etat. On n'entendait pas causer et rire à l'enterrement civil de notre ami Jacquet, et quand des orateurs, — dont le premier, M. Edmond Robert, était parti précipitamment la veille de La Roche-sur-Yon, — ont pris la parole sous le coup d'une émotion profonde, les larmes brillaient dans tous les yeux. On peut même dire qu'elles coulaient sur les visages. J'avais vu deux de ses ouvriers embrasser Jacquet sur son lit de mort et pleurer à chaudes larmes, en lui adressant des adieux déchi- rants. Pour moi, il n'est pas d'oraison funèbre ni de prières qui témoignent plus éloquemment en faveur de celui dont M. Edmond Robert a eu raison de dire que c'était un *homme*.

Etre un *homme*, en effet, est une qualité rare, quand elle est pratiquée à la fois par le citoyen et l'homme privé, le travailleur qui ne néglige pas plus ses devoirs envers ses proches qu'envers sa patrie ; qui sert à la fois le peuple et ceux que la nature et le droit commun mettent sous sa pro- tection immédiate,— sa famille et ses subordonnés ; — qui se montre toujours à la hauteur des charges que comporte sa condition sociale, et dont le caractère ne connaît pas de défaillances et de pusillanimité, quand il s'agit de défendre ses convictions politiques, d'accomplir ses devoirs civiques, au prix de tout ce qui peut en résulter de désagréments et d'ennuis dans ses intérêts particuliers, par le tort qu'il se fait, l'envie surtout qu'il excite...

Vous savez si Jacquet fut de ceux-là. Je ne le connais- sais que depuis neuf ans, car il n'y a pas plus de temps que j'ai l'honneur d'être votre concitoyen. Notre amitié avait pris corps et consistance, lors des élections de 1881, où, sous son initiative, le parti républicain songea, pour vaincre, à l'ancien sous-préfet qui avait laissé un nom et un souvenir si sympathiques dans l'arrondissement de Compiègne, et lui offrit une candidature qui l'emporta cette fois, à l'aide du scrutin uninominal, sur toute coalition orléano-bonapartiste.

Je n'ai pas à revenir sur ces années déjà lointaines et presques effacées. La surface du gouvernement parlemen- taire est si changeante qu'il faudrait des éphémérides pour en fixer et préciser l'histoire. D'ailleurs, notre parti vaincu en 1885 par un nouveau mode de scrutin a pris, depuis, des revanches partielles qui assurent à la République un triomphe éclatant et définitif dans l'avenir. Nous aurons subi les éclipses et les orages, inhérents au régime même de la Liberté.

Je puis dire — et j'aime à le rappeler — que Jacquet et moi, pendant ces neuf ans, nous nous sommes souvent attelés à la même œuvre de collaboration anonyme et collective, au nom du Comité républicain, resté en perma- nence latente. Jacquet était le porte-parole. Le discours à l'enterrement du citoyen Ladame était de lui et de moi. C'est encore sur l'initiative de Jacquet qu'un monument funéraire fut élevé, par souscription, dans le cimetière de Jaux, dont Ladame avait été le bienfaiteur. Le discours, prononcé de nouveau en cette occasion par Jacquet, au nom du Comité républicain de Compiègne, sortait de la même collaboration. Nous n'avons jamais failli à la tâche, lui et moi.

Je n'ai pas gardé toutes les traces et les bribes de ce que nous avons fait ensemble. On les retrouverait dans les journaux du temps, portant chacune la marque cachée d'une pensée unique, à laquelle il serait possible d'en reconnaître les auteurs. Je dois dire, et je n'en parlerais pas sans cela, que l'inspiration première et fondamentale émanait toujours de cet infatigable leader, qu'on retrouvait quelques heures après à ses affaires, comme s'il n'avait pas préparé et allumé le matin une cartouche, destinée à faire explosion dans l'opinion.

Il y a à peine deux ans, nous préludions aux élections sénatoriales de 1888 par une proclamation qu'on peut lire encore sur les murs de notre ville, et où nous posions énergiquement la candidature de M. Chovet au Conseil général de l'Oise. L'affiche portait ces mots qui sont bien de Jacquet : « Citoyens, aux urnes ! » nous avions mis d'abord : « Aux urnes, citoyens ! » mais des susceptibilités alarmées craignirent qu'on ne vît là une réminiscence de la *Marseillaise*. Nous fîmes la concession d'intervertir les mots, et l'appel aux urnes fut entendu et couronné de succès.

Dans ces derniers mois encore, j'ai vu Jacquet, très préoccupé des élections sénatoriales qui allaient avoir lieu le 5 janvier, et donner des conseils, soit par écrit soit de vive voix, dans l'intérêt de la concentration républicaine. Il n'a pas été étranger au triomphe de notre cause, et il y aurait de l'ingratitude à le méconnaître. Il n'a jamais vu que l'intérêt général de la République, et c'est en cela qu'il était un habile et pratique leader. Il se tenait au milieu du chemin, craignant de faire fausse route. Sa pensée toujours claire et nette allait au plus droit... Il portait dans ces luttes l'expérience et l'habitude des affaires, et c'est en quoi il eût été une grande lumière dans de hautes assemblées, auxquelles sa modeste ambition ne songeait même pas. Il n'aurait même pas souffert qu'on lui en parlât. Il aurait presque répondu comme un célèbre auteur dramatique, à qui l'on parlait de ses chefs-d'œuvre : « Pas un mot de plus... » Il n'entendait pas plaisanterie sur ce chapitre.

Jacquet se contentait du rôle de *lutteur*. Il ne voulut pas être des nôtres, mais nous avons le droit et presque le devoir, nous qui combattons comme lui par la pensée et l'influence que nous pouvons avoir sur l'opinion, de perpétuer la tradition, d'ajouter un nom à l'autre, de ne rien omettre ni laisser tomber dans l'oubli de tout ce qui contribuera, dans l'avenir, à renouer l'histoire de nos efforts périodiques. On recueille l'histoire du passé. Recueillons l'histoire du présent, et n'en laissons pas perdre le souvenir. Nous tenons archives, en ce moment, des annales républicaines de la contrée.

En quelques années, nous avons perdu Gellion-Danglar, Ladame, Jacquet...

Gardons la mémoire de ceux qui tombent, car le combat sera éternel, et il semble toujours qu'on ne soit encore qu'à la première heure. On peut être sûr que nos descendants ou successeurs en verront bien d'autres, qui feront oublier les luttes pour lesquelles nous aurons vaincu ou succombé. De même que nos révolutions du moyen âge et du seizième siècle, auxquelles tant de soldats et martyrs de l'idée ont attaché leurs noms, pâlissent devant nos révolutions modernes, qui en ont été pourtant la conséquence historique et logique. L'histoire seule, dans ses archives, qui ne sont pas toujours celles que recherchent les savants d'académie, fait foi de ces héros obscurcis ou défigurés, et l'histoire, même la plus révélée, quand elle est exhumée par un Michelet, tend à s'effacer ou plutôt elle se renouvelle incessamment. A quelle date des temps nouveaux la postérité avancera-t-elle ou reculera-t-elle l'ère de l'histoire moderne ? où la prendra-t-elle ? d'où la fera-t-elle partir ? Pour nous, nous n'hésiterions pas, ce serait de l'an premier de la première République, car les générations ne datent jamais que d'elles-mêmes.

Mais le progrès se poursuit à travers les temps, même quand il côtoie la barbarie ou la routine. Rien ne se fait par transition brusque, l'âge de fer n'a pas succédé par un saut violent à l'âge de pierre, — et c'est un des avantages de la Liberté que de voir, par la seule force du suffrage universel, sans pression ni secousse, surgir et grandir peu à peu la République au-dessus des anciens partis qui s'entrechoquent et agonisent.

FIN

Compiègne. — Imp. A. MENNECIER et Cⁱᵉ, rue des Petites-Écuries, 17.

www.ingramcontent.com/pod-product-compliance
Lightning Source LLC
LaVergne TN
LVHW021910180726
843502LV00008B/2997